Vorwort

Der Lesezirkus bietet zusätzlichen Lesestoff zur inneren Differenzierung in Klasse 1. Die Texte können entsprechend dem Leistungsstand des einzelnen Kindes flexibel eingesetzt werden.

Die meisten Kinder haben das Modul „Silbenschule“ in der Silbenfibel® (Silbenketten von Seite 3 bis 25, Bestell-Nr. 1403-90) noch vor Weihnachten erfolgreich abgeschlossen. Sie können Wörter mit Silben bis drei Buchstaben, z. B.: Winter, flüssig und mit richtiger Betonung lesen. Anhand der Lauttabelle sind sie nun in der Lage selbstständig Wörter mit neuen Buchstaben zu lesen, was für fortgeschrittene Schüler eine hohe Motivation darstellt.

Zu jeder Geschichte werden auf entsprechenden Seiten im Anhang Fragen zum Textverständnis und Anleitungen zum kreativen Umgang mit Texten angeboten. Die Bearbeitungen der Schüler werden von der Lehrerin oder dem Lehrer entsprechend gewürdigt.

Noch ein Wort zur bereits erwähnten „Silbenschule“:
Im Anfangsunterricht der Klasse 1 lernen die Kinder Buchstabengruppen aus zwei Buchstaben wie ma, la, ta, ra, sa usw. und drei Buchstaben wie mel, del, tam usw. ganzheitlich zu erfassen und flüssig, weil automatisiert, zu lesen. Der Vokal (e, a) in der Dreierkombination wird nicht mehr in die Länge gezogen.

Mithilfe des farbigen Silbentrenners wird diese Lesetechnik auf das Lesen ganzer Wörter und kleiner Sätze übertragen. Damit ist das Lesen im Prinzip begriffen und es geht nur noch darum, das Alphabet vollständig zu erarbeiten und die Leseregeln für Wörter mit Schärfung wie Wolle, Wetter, Kanne und Wörter mit Dehnung wie Zahn, Lehm, Zahl und Rohr zu erlernen.

Selbstverständlich können fortgeschrittene Schüler mithilfe der Lauttabelle auch neue Wörter schreiben. Wir empfehlen auf das normgerechte Schreiben neuer Buchstaben zu achten. Die Silbentrennung sollte auch beim Schreiben – „Aus Leseregeln werden Schreibregeln!“ – mit zwei Farben zur Anwendung kommen. Die für das sogenannte „Freie Schreiben“ typischen Fehlschreibungen, wie Schüla für Schüler, werden so weitgehend vermieden.

Eine Lauttabelle liegt dem Buch bei. Die Vorgehensweise des Identifizierens und der Lautanalyse neuer Buchstaben wird auf der Rückseite dargestellt.

Noch ein Hinweis zur Rechtschreibung: Nach den Empfehlungen des Rats für deutsche Rechtschreibung werden Vokalbuchstaben am Wortanfang oder -ende nicht abgetrennt. Damit wird zwischen Schreib- und Sprechsilben unterschieden. Nach dem Konzept des Lehrgangs und zum besseren Verständnis der Wörter markieren wir weiterhin die Sprechsilben. Beispiele: Ofen, beobachten, Radio

1 ABC der Tiere Lesezirkus

Herausgegeben von

Klaus Kuhn

Bearbeitet von

Rosmarie Handt, Klaus Kuhn

Illustriert von

Ingrid Hecht

www.ABC-der-Tiere.de

Mildenberger

Inhalt

Waldi auf dem Eis

Es ist Winter. Timo, Anna und Waldi wollen in den Schnee. Timo und Anna rollen den Schnee. Es soll ein Schneemann werden.

Timo, Anna und Waldi rennen weiter. Alle tollen und rutschen am See. Timo will mitten auf das Eis. Anna warnt Timo: „Nein, das Eis ist dünn.“

Nun laufen alle drei um den See –
Anna, Timo und Waldi.

Timo findet einen Ast. Er wirft den Ast weit fort.
Der Ast landet auf dem See.

Waldi rennt sofort auf das Eis.
Oh, was ist los? Wo ist Waldi?
Nur seine Nase schaut aus dem Wasser.

Timo will auf das Eis. Er will Waldi retten.
Anna nimmt Timo am Arm: „Nein, nein,
das Eis ist dünn."

Timo weint laut: „Mein armer Waldi!“ Anna wirft schnell den Schal und ruft: „Waldi, fass! Waldi, fass!“

So retten Anna und Timo Waldi aus dem Wasser. Das Fell ist nass. Anna nimmt Waldi in den Arm. Er winselt leise.

Memo

Die Blätter sind bunt. Der Wind rüttelt an den Ästen. Bald fallen alle Blätter ab. Memo sammelt Nüsse und Samen.

Memo klettert auf den Baum. In der Baumkrone ist sein Nest. Darin kann Memo schlafen.

Es ist Winter. Die Schneeflocken fallen auf die Erde. Memo kommt aus dem Nest. Wo sind die Samen und Nüsse?

Unter dem Felsen findet Memo seine Nüsse. Nun kann es fressen. Bald ist Memo satt. Es klettert auf den Baum und kann im Nest weiterschlafen.

In Kälte, Schnee und Eis

Unsere Erde hat einen Nordpol
und einen Südpol.
An den Polen
ist es grimmig kalt.

Der Südpol ist
auf festem Land:
der Antarktis.

Auf der Eisdecke
brüten Pinguine.
Ein Pinguin kann nur
ein Ei wärmen.

Kleine Pinguine sind
braun und flauschig.

Nur wenige Menschen
leben in der Antarktis
und erforschen das Klima.

Der Nordpol ist eine Eisplatte
und schwimmt im Polarmeer:
der Arktis.
In der Arktis leben
Eisbären und Robben.

Im Winter schlafen Eisbären in einer Mulde im Schnee. Im Sommer ist der Eisbär gerne im Schnee und auf dem Eis. Am Rande des Eises lauert er auf Fische und Robben. So bekommt er ein dickes Fell gegen die Kälte. Bärenmütter sorgen gut für Bärenkinder.

Im Nordmeer schwimmen Eisberge. Nur ein kleiner Teil des Eisberges ragt aus dem Wasser. Schiffe dürfen Eisberge nicht rammen.

Eskimos leben in der kältesten Region der Erde. Eskimos bauen Iglus aus festem Schnee.

Eine unheimliche Nacht

Sina ist bei Britta eingeladen. Nach der Schule gehen beide Mädchen gemeinsam nach Hause. Britta lebt mit Bruder Achim und den Eltern in einem Forsthaus am Waldrand.

Es ist das erste Mal, dass Sina bei Britta übernachten darf. Am Abend lesen beide Mädchen noch eine kurze Geschichte. Müde gehen beide ins Bett und schlafen ein.

Achim ist in seinem Zimmer allein. Er will nicht lesen. Heimlich lauscht er an Brittas Tür. Alles ist leise. Da hat er eine Idee. Er holt ein Bettlaken und wirft es über sich.

Achim schleicht leise über den Flur. Er huscht in Brittas Zimmer und ruft: „Hui – hui …“ Beide Mädchen erschrecken. Ein Gespenst ist im Zimmer. Britta weint laut und ruft: „Mama, Mama, komm!“

Sina zittert und ist bleich im Gesicht. Achim will wegrennen. Er will nicht erkannt werden. Da fällt er über das Leintuch und landet auf dem Boden.

Schon macht Mutter das Licht an und will Sina und Britta trösten. Aber was ist das? Mutter, Sina und Britta sehen Achim im Schlafanzug und lachen laut: „Ha, ha, ha!“

Das tapfere Schneiderlein

Ein Schneider arbeitet in seinem Zimmer. In der Pause will er ein Marmeladebrot essen. Sieben Fliegen werden angelockt. Der Schneider schlägt mit einem Lappen zu und erwischt alle Fliegen auf einmal. Nun ist er stolz und stickt – 7 auf einen Streich – auf einen Gürtel. Das will er allen Menschen zeigen.

Er packt nur einen Käse ein. Im Garten findet er einen Vogel. Mit dem Käse und dem Vogel in der Tasche wandert er in die weite Welt.

Auf einem Berg trifft er einen Riesen. Der Riese liest: 7 auf einen Streich. Er will das Schneiderlein prüfen. Zuerst presst er Wasser aus einem Stein. Das schlaue Schneiderlein macht das auch – aber mit dem Käse.

Der Riese wirft einen Stein weit fort. Das schlaue Schneiderlein macht das auch, aber mit dem Vogel.

Der Riese will einen Baum nach Hause tragen. Das Schneiderlein soll helfen. Es will hinten tragen, aber es hockt sich in die Äste und summt ein Lied.

Bald kommen sie in das Haus der Riesen. Der Riese ist böse. In der Nacht will er das Schneiderlein töten. Er schlägt mit einem dicken Prügel wild auf das Bett. Das schlaue Schneiderlein aber hockt in einer Ecke am Boden.

Am Morgen wandert das Schneiderlein weiter. Müde kommt es am Hof des Königs an und schläft im Garten ein. Der König schaut aus dem Fenster und kann – 7 auf einen Streich – lesen. Das gefällt dem König.

Der König sagt: „Ich will dir meine Tochter zur Frau geben und das halbe Königreich dazu, wenn du drei Aufgaben lösen kannst.“

Zuerst soll er die Riesen besiegen. Die Unholde schlafen unter einem Baum. Das Schneiderlein klettert hinauf und wirft Steine herab.

Die Riesen werden wütend. Sie schlagen aufeinander ein und fallen tot um.

Dann soll der Schneider das Einhorn fangen. Er streift im Wald umher. Bald rennt das Einhorn auf den Schneider zu. Er steht hinter einem Baum. Das Tier rammt sein Horn in den Stamm. Schon ist die zweite Aufgabe gelöst.

Dann soll der Schneider das Wildschwein fangen. Er rennt in eine Kapelle und gleich wieder zum Fenster hinaus. Das wütende Tier ist in der Kapelle. Nun hat der Held alle Aufgaben gelöst.

Das Schneiderlein heiratet die Prinzessin und bekommt das halbe Königreich dazu.

nach Gebrüder Grimm

Der Hase und der Igel

An einem Sonntagmorgen traf der Hase den Igel. Er sagte: „Du hast so krumme Beine, du kannst nicht mit mir um die Wette laufen.“ Der Igel war beleidigt und sagte: „Das kommt auf einen Versuch an. Ich wette einen goldenen Taler gegen dich. In einer halben Stunde bin ich bereit.“

Der Igel ging nach Hause und dachte sich etwas aus. Er sagte zu seiner Frau: „Komm mit, ich will mit dem Hasen um die Wette laufen.“ Der Igel versteckte seine Frau in einem Laubhaufen am Ende der Ackerfurche. Auf der anderen Seite wartete der Hase schon. Sie stellten sich auf und rannten los.

Der Igel lief aber nur drei Schritte. Dann duckte er sich und blieb liegen. Als der Hase am Ende der Furche ankam, rief die Igelfrau: „Ich bin schon da." Der Hase wunderte sich und rief: „Noch einmal gelaufen." Schon sauste er zurück. Nun rief der Igel: „Ich bin schon da." Der Hase schnaufte aufgeregt: „Noch einmal gelaufen." Der Igel antwortete: „Sooft du Lust hast."

Der Hase lief oft hin und her. Immer rief es: „Ich bin schon da." Der Hase wurde immer müder. Schließlich fiel er tot um. Der Igel hatte die Wette gewonnen. Er sagte zu seiner Frau: „Der hochmütige Hase hat uns ausgelacht. Nun hat er seinen Lohn."

nach Gebrüder Grimm

Mogli bei den Wölfen

Vater und Mutter Wolf lebten mit den Wolfskindern in einer Höhle. Eines Tages hörten sie das Gebrüll des Tigers Schir Kan. Vater Wolf sagte: „Alle Tiere wird er verjagen." Auf einmal raschelte es im Gebüsch. Ein nackter, brauner Junge stand vor Vater Wolf. Mutter Wolf hatte noch nie ein Menschenjunges gesehen und sagte: „Bring es her!" Der Junge hatte keine Angst.

Da kam der Tiger Schir Kan zur Höhle und brüllte: „Das Menschenjunge gehört mir! Gebt es heraus!" Mutter Wolf knurrte und zeigte ihre Zähne: „Du bekommst das Menschenjunge nicht. Fort mit dir!" Schir Kan wollte nicht kämpfen und zog knurrend ab. Mutter Wolf nannte den Jungen Mogli, weil er so nackt wie ein Frosch war. Was wird das Rudel dazu sagen?

Als die Jungen richtig laufen konnten, brachte Vater Wolf sie zur Ratsversammlung. Der graue Anführer Akela lag auf einem Felsen. Am Boden kauerten 40 Wölfe des Rudels. Da brüllte Schir Kan: „Das Menschenjunge gehört mir!“ Akela sagte: „Sei still!“ Der Bär Balu stellte sich auf die Hinterbeine und brummte: „Ich bin für das Menschenjunge!“ Balu war der Lehrer der jungen Wölfe. Akela fragte: „Wer ist noch für ihn?“ Der schwarze Panther Bagira sprang in den Kreis und fauchte: „Ich bezahle mit einem fetten Bullen für den Jungen.“ Die hungrigen Wölfe waren einverstanden. So wurde Mogli in das Rudel aufgenommen.

Mogli holt das Feuer

Zehn Jahre lebte Mogli nun schon im Dschungel. Vater Wolf lehrte ihn alles, was ein Wolf wissen musste. Balu zeigte ihm Nüsse und Honig. Bagira brachte ihm das Klettern bei. Mogli durfte auch an den Ratsversammlungen teilnehmen. Oft zog er Dornen aus den Pfoten der Wölfe. Manchmal schlich er in die Nähe der Dörfer und beobachtete die Menschen in den Hütten. Akela war alt und schwach geworden. Schir Kan schloss Freundschaft mit den Jungwölfen des Rudels. Er teilte mit ihnen seine Beute und umschmeichelte sie.

Bagira warnte Mogli vor dem Tiger und den Wölfen: „Kleiner Bruder, in der nächsten Ratsversammlung werden sie dich töten. Laufe schnell zu den Hütten der Menschen und hole Feuer. Alle Tiere des Dschungels fürchten sich davor.“ Mogli lachte und rannte zum Dorf. In der Nacht sammelte er glühende Kohlen in einem Topf.

In der Versammlung lag Akela vor dem Felsen. Schir Kan schritt stolz auf und ab. Er brüllte: „Akela ist alt und schwach. Gebt mir Mogli heraus. Er war meine Beute von Anfang an.“ Mehr als die Hälfte des Rudels heulte: „Er ist nicht mehr unser Bruder. Schir Kan soll unser Anführer sein!“ Bagira fauchte: „Jetzt müssen wir kämpfen.“ Mogli warf den Feuertopf in das trockene Moos. Die Flammen versetzten Schir Kan und seine Wölfe in Angst und Schrecken. Mogli nahm einen brennenden Ast und schlug auf die Verräter ein. Zu Schir Kan sagte er: „Das nächste Mal ziehe ich dir das Fell über die Ohren.“ Den Wölfen rief er zu: „Fort mit euch!“

Nun war Mogli mit Bagira und seinen Brüdern allein. Er weinte zum ersten Mal in seinem Leben. Bagira sagte: „Verlasse den Dschungel. Gehe zu den Menschen. Wir werden dich nie vergessen.“

Mogli besiegt Schir Kan

In der Dämmerung erreichte Mogli das Dorf. Die Menschen starrten ihn an. Der Priester sagte: „Seht nur seine Narben an Armen und Beinen. Das sind Wolfsbisse. Er ist ein Wolfskind.“ Eine Bauersfrau nahm Mogli zu sich. Sie lehrte ihn die Sprache der Menschen.

Manchmal kam nachts Graubruder aus dem Dschungel und berichtete von Schir Kan. Bald darauf wurde Mogli vom Dorfältesten zum Büffelhirten bestimmt. Stolz ritt er auf dem Leitbullen Rama. Die Herde folgte ihm. Graubruder wartete schon auf sie. Er sagte: „Schir Kan hat sich in die Schlucht begeben. Ein ganzes Schwein hat er gefressen und will sich ausruhen. Schau, Akela ist auch da. Er wird uns helfen.“

Sofort sprang Mogli auf Ramas Rücken und ritt zur Schlucht. Die beiden Wölfe trieben die Herde an. Schon witterte Rama den Tiger. In wilder Jagd brausten die Büffel auf Schir Kan zu. Ein Pfau flog auf. Der Tiger wollte fliehen, aber mit vollem Bauch war es unmöglich. Die Herde stürmte über die Raubkatze hinweg. Unter den donnernden Hufen fand Schir Kan den Tod.

Mogli nahm sein Messer und zog dem Tiger das Fell ab. Das hatte er im Rat geschworen. Rama schickte er mit der Herde ins Dorf zurück.

Er selbst trug das Fell zum Ratsfelsen und breitete es aus. Akela legte sich darauf und rief das Rudel zusammen. Mogli jubelte: „Schaut her, ich habe Schir Kan besiegt.“

nach Rudyard Kipling

Peter und der Wolf

Vor vielen Jahren lebte Peter bei seinem Großvater auf dem Land. Ihr kleines Haus stand einsam am Waldrand. Eines Morgens öffnete Peter die Gartentür und ging hinaus auf die große Wiese. Dort begrüßte er seinen kleinen Freund, den Vogel. Der saß auf einem Baum und zwitscherte. Die Ente watschelte durch die offene Gartentür zum Teich. Dort begannen sie gleich einen Streit. Der Vogel spottete aus der Luft: „Was bist du für ein Vogel, wenn du nicht fliegen kannst!“ „Was bist du für ein Vogel, wenn du nicht schwimmen kannst!“, schnatterte die Ente auf dem Wasser. So zankten sie und merkten gar nicht, dass die Katze angeschlichen kam. Peter rief laut: „Gib acht!“

Der kleine Vogel flog auf den Baum. Die Ente schwamm auf den Teich hinaus und schnatterte aufgeregt. Da kam der Großvater aus dem Haus. Er schimpfte mit Peter, weil er allein auf die Wiese gegangen war: „An den Wolf denkst du wohl gar nicht.“ Dann gingen beide zum Haus zurück. Großvater schloss die Gartentür ganz fest. Kaum waren sie fort, da kam ein großer, grauer Wolf aus dem Wald. Flink kletterte die Katze auf den Baum. Die Ente schnatterte und kam aufgeregt aus dem Wasser heraus. Das hätte sie nicht tun sollen. Schon hatte der Wolf die Ente erblickt und verschlang sie. Dann starrte er in den Baum hinauf. Dort oben saßen die Katze und der kleine Vogel, jeder auf einem Ast.

Peter hatte alles vom Garten aus beobachtet. Schnell holte er ein langes Seil und stieg auf die Gartenmauer. Von da griff er nach einem dicken Ast und schwang sich auf den Baum. Peter sagte zum Vogel: „Flattere dem Wolf vor der Nase herum, aber lass dich nicht erwischen.“ Der Wolf schnappte vergeblich nach dem Vogel. Peter ließ seine Schlinge geschickt hinab und fing den Bösewicht am Schwanz. Der Wolf zerrte wütend an seiner Fessel. Peter aber schlang das Seil fest um einen Ast. Der Vogel zwitscherte und flatterte mit seinen Flügeln. Die Katze zitterte vor Angst und machte einen Buckel. Peter rief: „Nur Mut, wir haben den Wolf gefangen. Er kann euch nichts mehr antun!“

In diesem Augenblick kamen die Jäger aus dem Wald. Sie hatten die Spur des Wolfes entdeckt und wollten ihn erlegen. Sie erblickten den Bösewicht am Fuß des Baumes und knallten mit ihren Flinten. Peter rief vom Baum herab: „Halt, nicht schießen. Wir haben den Wolf schon gefangen!“ Die Jäger wollten ihren Augen nicht trauen. Ein kleiner Junge hatte den großen Wolf gefangen. Großvater hatte den Lärm gehört und kam mit seinem Stock aus dem Haus. Peter hatte eine gute Idee: „Wir bringen den Wolf in den Zoo.“ Alle waren einverstanden. Peter schritt stolz voran. Hinter ihm trottete der Wolf. Zum Schluss kamen die Jäger mit dem Großvater und der Katze. Über ihnen flog der Vogel und zwitscherte.

nach Serge Prokofieff

Hans mein Igel

Es war einmal ein reicher Bauer. Er besaß alles, was das Herz erfreute. Trotzdem war er oft traurig, weil er kein Kind hatte. Eines Tages saß seine Frau wieder am Fenster und weinte. Da rief er: „Ach, hätten wir doch ein Kind – und wenn es auch ein Igel wäre!“
Kaum war ein Jahr vergangen, da bekam seine Frau ein Kind. Oben war es ein stacheliger Igel, unten aber ein Junge. Die Mutter nannte ihn Hans mein Igel.
Sie hatte ihn von Herzen lieb. Der Vater aber schämte sich vor den Nachbarn und versteckte seinen Sohn hinter dem Ofen. Da lebte Hans mein Igel acht Jahre lang.
Eines Tages wünschte er sich einen Dudelsack.
Der Vater erfüllte seinen Wunsch. Hans mein Igel stieg auf seinen Gockelhahn und ritt fort. Er nahm auch Schweine und Esel mit. In einem großen Wald flog der Hahn mit ihm auf einen hohen Baum.
Dort spielte er auf seinem Dudelsack und hütete die Tiere.

Einmal verirrte sich ein alter König im Wald. Er hörte die schöne Musik und fragte gleich nach dem rechten Weg. Hans stieg vom Baum herunter und führte den König zum Wald hinaus. „Wie kann ich dich belohnen?“, fragte der glückliche König. Hans überlegte und sprach: „Gib mir, was dir bei deiner Heimkehr zuerst begegnet.“ Der König nickte und sagte: „So soll es sein!“ Als er aber über die Schlossbrücke fuhr, lief ihm sein Töchterchen entgegen und fiel ihm vor Freude um den Hals. Der König erschrak und erzählte der Prinzessin von Hans dem Igel. Die Prinzessin seufzte und sagte tapfer: „Wenn er dir das Leben gerettet hat, müssen wir dein Versprechen halten!“

Inzwischen bestieg Hans mein Igel seinen Hahn und trieb Esel und Schweine zu seinem Vater. Der staunte gewaltig, denn es waren über hundert Tiere.

Hans ritt gleich weiter in das Reich des Königs, dem er den Weg gezeigt hatte. Die Prinzessin stand am Fenster. Sie weinte, als sie Hans durch das Tor reiten sah. Da hörte sie aber seine schöne Musik und wischte sich die Tränen ab. Sie nahm Hans mein Igel an der Hand und führte ihn ins Schloss. Sie aßen und tranken zusammen.

Als es Abend wurde, sagte Hans mein Igel: „Nimm mich mit in deine Kammer. Die Diener sollen im Kamin ein großes Feuer anmachen!“

Die Prinzessin hatte Angst. Da spielte Hans mein Igel auf dem Dudelsack und beide stiegen die Treppe hinauf. Alle im Schloss waren traurig, dass die Prinzessin einen Igel heiraten sollte.

Als die Kammertür geschlossen war, schlüpfte Hans mein Igel aus seiner Stachelhülle. Er flüsterte zur Prinzessin: „Wenn du mich liebst, verbrenne meine Igelhülle.“ Die Prinzessin raffte die Stacheln zusammen und warf sie in die Flammen.

Da fiel Hans ohnmächtig zu Boden. Seine Brust und die Arme färbten sich schwarz. Aber die Prinzessin pflegte Hans mit Salben, bis er wieder gesund war. Da wurde Hochzeit gefeiert. Der alte König schenkte Hans das Königreich und sie lebten glücklich bis an ihr Ende.

nach Gebrüder Grimm

Max und Moritz

Ach, was muss man oft von bösen
Kindern hören oder lesen!
Wie zum Beispiel hier von diesen,
welche Max und Moritz hießen.

Die, anstatt durch weise Lehren
sich zum Guten zu bekehren,
oftmals noch darüber lachten
und sich heimlich lustig machten.

Ja, zur Übeltätigkeit,
ja, dazu ist man bereit!
Menschen necken, Tiere quälen,
Äpfel, Birnen, Zwetschgen stehlen.

Das ist freilich angenehmer
und dazu auch viel bequemer,
als in Kirche oder Schule
festzusitzen auf dem Stuhle.

Aber wehe, wehe, wehe,
wenn ich auf das Ende sehe!
Ach, das war ein schlimmes Ding,
wie es Max und Moritz ging.

Schneider Böck

Jedermann im Dorfe kannte
einen, der sich Böck benannte.
Alltagsröcke, Sonntagsröcke,
lange Hosen, spitze Fräcke,
Westen mit bequemen Taschen,
warme Mäntel und Gamaschen,

alle diese Kleidungssachen
wusste Schneider Böck zu machen.
Oder wäre was zu flicken,
abzuschneiden, anzustücken,
oder gar ein Knopf der Hose,
abgerissen oder lose.

Wie und wo und was es sei,
hinten, vorne, einerlei,
alles macht der Schneider Böck,
denn das ist sein Lebenszweck.
Drum so hat in der Gemeinde
jedermann ihn gern zum Freunde.

Aber Max und Moritz dachten,
wie sie ihn verdrießlich machten.

Nämlich vor des Meisters Hause
floss ein Wasser mit Gebrause.
Übers Wasser führt ein Steg
und darüber geht der Weg.

Max und Moritz, gar nicht träge,
sägen heimlich mit der Säge –
ritzeratze! – voller Tücke
in die Brücke eine Lücke.

Als nun diese Tat vorbei,
hört man plötzlich ein Geschrei:
„He, heraus, du Ziegenböck!
Schneider, Schneider, meck, meck, meck!“
Alles konnte Böck ertragen,
ohne nur ein Wort zu sagen;
aber wenn er dies erfuhr,
ging's ihm wider die Natur.

Schnelle springt er mit der Elle
über seines Hauses Schwelle,
denn schon wieder ihm zum Schreck
tönt ein lautes: „Meck, meck, meck!“

Und schon ist er auf der Brücke.
Kracks, die Brücke bricht in Stücke!
Wieder tönt es: „Meck, meck, meck!“
Plumps, da ist der Schneider weg!

Grad als dieses vorgekommen,
kommt ein Gänsepaar geschwommen,
welches Böck in Todeshast
krampfhaft bei den Beinen fasst.
Beide Gänse in der Hand,
flattert er auf trocknes Land.

Übrigens bei alledem
ist so etwas nicht bequem!
Wie denn Böck von der Geschichte
auch das Magendrücken kriegte.

Hoch ist hier Frau Böck zu preisen!
Denn ein heißes Bügeleisen,
auf den kalten Leib gebracht,
hat es wieder gut gemacht.
Bald im Dorf hinauf, hinunter
hieß es: Böck ist wieder munter.

nach Wilhelm Busch

Schneeweißchen und Rosenrot

Eine Frau lebte einsam in einer kleinen Hütte am Waldrand. Vor der Hütte war ein Garten mit zwei Rosenbäumchen. Auf einem Bäumchen wuchsen weiße Rosen, auf dem anderen Bäumchen wuchsen rote Rosen. Die Frau hatte zwei Töchter, die Schneeweißchen und Rosenrot hießen. Rosenrot war immer lustig und sprang lieber in den Wiesen und Feldern umher. Schneeweißchen aber war still und sanft und blieb lieber zu Hause. Die beiden Mädchen hatten nie Streit. Oft liefen sie alleine im Wald umher und sammelten Pilze und rote Beeren. Die Tiere des Waldes kamen vertraulich zu ihnen her. Manchmal liefen sie so weit in den Wald hinein, dass es Abend wurde. Dann legten sie sich auf das Moos und schliefen ein. Die Mutter wusste das und machte sich keine Sorgen.

Im Sommer half Rosenrot bei der Hausarbeit. Jeden Morgen stellte sie einen Blumenstrauß auf den Tisch. Im Winter zündete Schneeweißchen das Feuer an und stellte den Wasserkessel auf den Herd. Eines Abends klopfte jemand an die Tür. Rosenrot dachte, es wäre ein Wandersmann und machte die Tür auf. Ein großer Bär steckte seinen dicken, schwarzen Kopf zur Tür herein. Rosenrot schrie laut auf. Schneeweißchen versteckte sich hinter dem Bett. Der Bär fing an zu sprechen und sagte: „Fürchtet euch nicht. Ich will mich nur ein wenig bei euch wärmen.“ Die Mutter sprach: „Du armer Bär, leg’ dich ans Feuer, aber verbrenne dir nicht den Pelz.“ Dann rief sie: „Schneeweißchen und Rosenrot, kommt her, der Bär tut euch nichts.“ Da kamen die Schwestern heran. Sie holten den Besen und kehrten dem Bären den Schnee aus dem Fell.

Als der Frühling kam, sagte der Bär zu Schneeweißchen: „Nun kann ich abends nicht mehr kommen. Ich muss im Sommer meine Schätze im Wald bewachen.“ Schneeweißchen war ganz traurig über den Abschied. Der Bär zwängte sich durch die Tür. Dabei riss er sich ein wenig das Fell auf. Schneeweißchen sah unter dem Fell etwas Goldenes blinken. Der Bär lief schnell weg und verschwand im Wald.

Nach einigen Tagen schickte die Mutter die beiden Schwestern in den Wald, um Feuerholz zu sammeln. An einem gefällten Baumstamm sprang etwas auf und ab. Die Mädchen kamen näher und erblickten einen alten Zwerg mit einem langen Bart. Die Spitze des Bartes war in eine Spalte des Baumstammes eingeklemmt. Der kleine Mann sprang hin und her und konnte sich nicht befreien. Er schaute die Mädchen mit seinen roten, feurigen Augen an und schrie: „Was steht ihr da herum, könnt ihr mir nicht helfen?“

Die Mädchen mussten beim Anblick des kleinen Wichtelmannes lachen. Der Zwerg schimpfte: „Lacht nicht so albern, ihr Milchgesichter!“ Rosenrot wollte im Dorf Hilfe holen, doch der Zwerg murrte: „Zwei von eurer Sorte reichen mir schon und ihr wollt noch andere Leute aus dem Dorf holen. Fällt euch nichts Besseres ein?“ Da nahm Schneeweißchen ihre Schere und schnitt das festgeklemmte Ende des Bartes ab. Der Zwerg griff eilig nach einem Sack, der zwischen den Wurzeln des Baumes steckte. Schneeweißchen und Rosenrot sahen, dass er mit Gold und Edelsteinen gefüllt war. Sie fragten den Zwerg: „Woher hast du diesen Schatz?“ Der Zwerg gab keine Antwort. Er beschimpfte sie nur: „Dumme Gänse, warum habt ihr meinen stolzen Bart abgeschnitten?“ Dann packte er den Sack auf seinen Rücken und lief fort.

Einige Zeit danach wollten Schneeweißchen und Rosenrot Fische für ein Mittagessen fangen. Als sie an dem Bach ankamen, hörten sie laute Schreie. Am Ufer hüpfte etwas hin und her. Die Mädchen liefen näher heran und sahen den Zwerg, den sie vom Baumstamm befreit hatten. Rosenrot fragte: „Möchtest du etwa im Bach baden?“ Der Zwerg entgegnete: „So ein Narr bin ich nicht. Dieser dumme Fisch will mich ins Wasser ziehen.“ Der Wind hatte seinen Bart um die Angelschnur geweht und nun hing er fest. Der Fisch war stärker und zog den Zwerg beinahe ins Wasser. Der Wicht hielt sich an den Zweigen einer Weide fest, aber das half nicht viel. Ohne fremde Hilfe war er verloren. Die Mädchen waren zur rechten Zeit gekommen.

Sie versuchten, seinen Bart von der Angelschnur zu lösen. Aber vergeblich, der Bart und die Schnur waren durch das Gezappel nur noch fester ineinander verwickelt. Schneeweißchen holte wieder ihre Schere aus der Tasche und trennte den Bart von der Schnur.

Als der Zwerg frei war, schrie er die Schwestern an: „Ihr dummen Gänse! Erst stutzt ihr meinen Bart unten und jetzt schneidet ihr mir den besten Teil ab. Ich muss mich vor meinen Brüdern schämen, so wie ich jetzt aussehe!“ Dann zog er hastig einen Sack voll Perlen unter dem Weidenbusch hervor und verschwand.

Die Schwestern wunderten sich über die Kostbarkeiten, die der Zwerg auch dieses Mal in seinem Sack mit sich trug. Schneeweißchen dachte an die Worte des Bären: „Ich muss meine Schätze bewachen.“

Die beiden Mädchen waren auf dem Weg in die Stadt. Sie wollten Nadeln, Schnüre und Bänder einkaufen. Am Himmel schwebte ein großer Vogel. Plötzlich stieß er ganz in der Nähe auf die Erde herab. Die Schwestern hörten einen jämmerlichen Schrei. Sie rannten hinzu und sahen, dass ein Adler den Zwerg gepackt hatte. Die tapferen Mädchen entrissen dem Adler seine Beute. Der Zwerg fing wieder an zu schimpfen: „Ihr dummes Gesindel, wie sehe ich aus? Meine Kleider sind zerrissen. Der Sack ist durchlöchert und meine Edelsteine sind am Boden verstreut.“ Schneeweißchen und Rosenrot fragten: „Woher hast du all diese Kostbarkeiten?“ „Ihr neugieriges Volk“, schrie der Zwerg voller Zorn, „das geht euch gar nichts an!“ Da hörten sie ein lautes Brummen. Vom Waldrand her trabte ein großer, schwarzer Bär auf den Zwerg zu.

In seiner Angst flehte der Zwerg: „Lieber Bär, lass mich am Leben, ich will dir meine Schätze geben.“ Der Bär gab dem Bösewicht einen Schlag mit seiner Tatze und er regte sich nicht mehr. Die Mädchen waren hinter einen Felsen geflüchtet, aber der Bär rief: „Schneeweißchen und Rosenrot, fürchtet euch nicht, ich will mit euch gehen.“ Da erkannten sie ihn an seiner Stimme und blieben stehen. Als der Bär zu ihnen kam, fiel seine Bärenhaut plötzlich ab und ein schöner Mann stand vor ihnen. Er sagte: „Ich bin ein Königssohn. Der böse Zwerg hat meine Schätze gestohlen und mich in einen Bären verwandelt. Jetzt hat er seine gerechte Strafe erhalten und ich bin erlöst.“ Der Königssohn nahm Schneeweißchen zur Frau und Rosenrot heiratete seinen Bruder. Sie teilten die Schätze miteinander und lebten glücklich bis an ihr Ende.

nach Gebrüder Grimm

1001 Nacht – Aladin und die Wunderlampe

In einer Stadt im Orient lebte einmal ein armer Schneider. Sein Sohn Aladin wollte nicht Schneider werden. Aus Kummer über seinen Sohn starb der Vater, als Aladin fünfzehn Jahre alt war. Einmal saß Aladin mit seinen Freunden auf der Straße. Da kam ein Fremder zu ihnen und sprach: „Ich bin der Bruder deines Vaters, dein Onkel. Ich komme aus Mauretanien und wollte euch besuchen.“ Beim Abendessen klagte die Mutter über ihren Sohn. Nun wollte sich der Onkel um Aladin kümmern. Er richtete für ihn ein Stoffgeschäft auf dem Basar ein. Aladin bekam teure Kleider und wurde ein angesehener Kaufmann.

Der Onkel aus Mauretanien war in Wirklichkeit ein Zauberer der schwarzen Magie. Er sagte zu Aladin: „Wir wollen eine weite Reise nach Osten machen.“

Nach vielen Tagen kamen sie in eine einsame Gegend. Aladin sammelte dürre Zweige für ein Feuer. Der Zauberer murmelte geheime Zaubersprüche und zündete ein Feuer an. Da erbebte die Erde und mit einem Donnerschlag öffnete sich ein tiefer Spalt. Eine Marmorplatte mit einem Eisenring kam zum Vorschein.

Da sprach der Zauberer zu Aladin: „Nur du kannst die Platte anheben. Darunter beginnt ein unterirdischer Gang, der in einen Garten führt. In seiner Mitte steht ein Palast. In der großen Halle hängt eine Lampe, die sollst du holen. Auf dem Rückweg kannst du mitnehmen, was dein Herz begehrt. Hier hast du einen Ring. Dreh’ ihn am Finger, falls du in eine Gefahr geraten solltest!“

Aladin fand alles so, wie es der Zauberer beschrieben hatte. Er holte die Lampe und nahm auf dem Rückweg viele Edelsteine, Perlen und Juwelen mit. Als Aladin zum Ausgang zurückkehrte, verlangte der Zauberer die Lampe. Aladin gehorchte nicht. Der Zauberer wurde wütend. Er fluchte und die Erdspalte schloss sich. Aladin weinte drei Tage lang. Da fiel ihm plötzlich der Ring ein. Er drehte den Ring am Finger und augenblicklich stand ein Zwerg vor ihm und sagte: „Zu Diensten! Was willst du?“ Aladin antwortete: „Bring mich wieder an die Oberfläche der Erde!“ Kaum hatte er den Wunsch ausgesprochen, befand er sich draußen im Freien.

Aladin machte sich sofort auf den Heimweg. Müde und hungrig kam er zu Hause an und wollte etwas essen. Weil die Mutter kein Geld hatte, wollte sie die Lampe verkaufen. Deshalb begann sie die Lampe zu putzen. Da stand ein Riese mit schrecklicher Fratze und breiter Gestalt vor ihr und sprach: „Sag', was du willst! Ich bin dein Diener!" Die Mutter fiel vor Schreck in Ohnmacht.

Aladin ergriff entschlossen die Lampe und sagte: „Bringe uns etwas Schmackhaftes zu essen!" Da verschwand der Geist und gleich stand ein Tisch mit köstlichen Speisen da. Sie aßen und tranken und hatten von nun an keine Not.

Aladin und Suleika

In der Stadt regierte ein mächtiger Sultan. Er wohnte mit seiner Tochter Suleika in einem Palast. Einmal wurde die Prinzessin von ihren Dienern durch die Stadt getragen. Aladin sah sie vorüberziehen und verliebte sich in sie.

Er sagte zu seiner Mutter: „Ich will die Tochter des Sultans heiraten. Gehe in den Palast und bitte für mich um ihre Hand. Schenke dem Sultan meine Diamanten und Edelsteine aus dem Zaubergarten.“ Die Mutter ging zum Palast. Der Sultan hatte noch nie so kostbare Edelsteine gesehen. Er sagte: „Aladin soll Suleika heiraten. Als Brautpreis muss er vierzig Dienerinnen mit vierzig goldenen Schüsseln voller Edelsteine bezahlen.“

Aladin rieb die Lampe und sogleich erschien der Riese mit vierzig Dienerinnen. Sie waren prächtig gekleidet und trugen vierzig goldene Schüsseln voller Edelsteine.

Stolz zog Aladin mit seinem Gefolge zum Palast. Der Sultan war erstaunt über so viel Reichtum und stimmte der Heirat zu. Suleika ging Aladin entgegen, umarmte und küsste ihn. Eine ganze Woche wurde die Hochzeit mit königlicher Pracht gefeiert. Alle Bewohner der Stadt waren eingeladen. An langen Tischen wurden sie mit köstlichen Speisen bewirtet.

Später ließ Aladin von seinem Lampengeist einen herrlichen Palast erbauen. Dort lebte er mit Suleika glücklich und zufrieden.

Aladin und der böse Zauberer

Überall rühmten Menschen Aladins Pracht und Klugheit. Auch der böse Zauberer in Mauretanien hörte davon. Er wurde sehr böse und beschloss die Lampe zu stehlen. Er dachte sich eine List aus.

Als Aladin eine Reise machte, ging er als Händler verkleidet zum Palast. Unter Suleikas Fenster rief er:

„Lampen, Lampen, wer tauscht seine alten Lampen gegen neue?“ Suleika kannte das Geheimnis von Aladins Lampe nicht. Sie gab dem Händler die alte Lampe und erhielt eine neue. Der Betrüger lief weg und rieb die Lampe. Sofort erschien der Riese und der Zauberer sprach: „Bringe diesen Palast und mich nach Mauretanien!“ Und so geschah es.

Als Aladin von der Reise zurückkehrte, erstarrte er vor Schreck. Wo war Suleika? Was sollte er tun? Er drehte seinen Zauberring und sogleich stand der Zwerg vor ihm und sagte: „Zu Diensten! Was willst du?“ Aladin bat: „Trage mich zu Suleika!“ Im nächsten Augenblick stand Aladin vor seinem Palast in Mauretanien.

Suleika weinte vor Freude und erzählte alles. Am gleichen Abend besuchte der Zauberer Suleika. Als Aladin sein Schwert zog, wollte der Zauberer den Riesen rufen. Aladin drehte schnell seinen Ring, und der Zwerg schlug dem Zauberer die Lampe aus der Hand. Dann packte er ihn und flog mit ihm aus dem Fenster.

Aladin rieb die Lampe und befahl dem Riesen: „Bring uns mit dem Palast in die Heimat!“ Der alte Sultan freute sich, als er Aladin und Suleika wieder sah. Sie lebten noch lange glücklich und zufrieden. Von dem bösen Zauberer hörten sie nie wieder.

nach einem arabischen Märchen

Pinocchio

Vor langer Zeit lebte der Spielzeugmacher, Meister Gepetto, in einer kleinen Stadt in Italien. Alle bewunderten seine Kunstwerke. Einmal stellte er eine Holzpuppe her. Zum Schluss malte er der Marionette einen lachenden Mund und leuchtende Augen. „Jetzt siehst du fast lebendig aus“, sagte Gepetto und begann mit der Marionette zu spielen. Von den Bewegungen der Puppe war er ganz begeistert und rief: „Man könnte dich fast für einen richtigen Jungen halten. Ich werde dich Pinocchio nennen!“ Müde vom Spielen ging Gepetto zu Bett. Wie jeden Abend vor dem Einschlafen seufzte er: „Ach, hätte ich doch nur einen kleinen Sohn!“ Im Schlaf träumte er oft von einem Jungen und lächelte dabei.

Auf einmal erklang ein leises Flügelrauschen und ein heller Schein erleuchtete das Zimmer. Eine Fee schwebte herein. Sie berührte Pinocchio mit ihrem Zauberstab und sprach: „Wach auf und werde lebendig, kleine Marionette!“

Pinocchio schlug die Augen auf und stammelte: „Na, so was! Ich kann sehen und sprechen, laufen und spielen.“ Die Fee fügte hinzu: „Du sollst auch ein guter und ehrlicher Junge werden!“

Danach verschwand die Fee und Pinocchio tanzte zum Klang einer Spieluhr auf der Werkbank. Der Lärm störte Meister Gepetto im Schlaf. Er schlug die Augen auf … und war mit einem Satz aus dem Bett. Er hob Pinocchio hoch und rief: „Mein Junge! Mein kleiner Sohn!“ Gepettos Traum war in Erfüllung gegangen. Er sagte: „Nun wollen wir schlafen. Morgen wird ein großer Tag.“

Pinocchio auf dem Weg zur Schule

Nach dem Aufwachen sagte Meister Gepetto zu Pinocchio:„Du wirst heute zur Schule gehen!“ „Was ist eine Schule?“, fragte Pinocchio. Gepetto erklärte: „Das ist ein interessanter Ort, wo man zusammen mit anderen Kindern lesen und schreiben lernt.“ Gepetto gab ihm einen Apfel und zwei Bücher mit. Pinocchio machte sich auf den Weg. Als er so fröhlich vor sich hin stapfte, entdeckten ihn zwei üble Schurken: der Fuchs John und der Kater Gideon. John sagte zu Gideon: „Der Puppenspieler Stromboli würde sicher viel Geld für ihn bezahlen.“ Sie überredeten Pinocchio: „Geh’ nicht in die Schule! Du wirst ein großer Schauspieler!“ Noch am gleichen Abend hatte Pinocchio seinen ersten Auftritt.

Die Zuschauer waren begeistert und warfen viele Goldstücke auf die Bühne. Als die Vorstellung zu Ende war, packte Stromboli den armen Pinocchio und steckte ihn in einen Vogelkäfig. Er weinte und schrie, aber es nützte alles nichts.

Da erschien die Fee und fragte: „Nun Pinocchio, wie hat es dir in der Schule gefallen?“ Pinocchio erzählte ihr eine lange Geschichte, von der nichts stimmte. Während er sprach, wurde seine Nase immer länger und länger.

Pinocchio merkte, dass er beim Lügen ertappt worden war und flehte: „Bitte verzeih’ mir, liebe Fee! Ich tu’ es auch nie wieder!“ Die Fee hob den Zauberstab und – poff – hatte Pinocchios Nase wieder ihre normale Länge. Die Tür des Vogelkäfigs sprang auf und Pinocchio war frei. „Juhu!“, jubelte er und rannte schnell fort.

Pinocchio auf der Spielzeuginsel

Auf Pinocchios Weg lag eine üble Kneipe. Dort unterhielten sich Fuchs John und Kater Gideon mit einem unheimlichen Kutscher. Der brachte regelmäßig faule Kinder zu einer geheimnisvollen Insel. Er versprach ihnen dort viele Wunderdinge, aber niemand sah die Kinder jemals wieder. „Mir fehlt noch ein Kind für die nächste Fuhre", sagte er zu den beiden Schurken. John und Gideon machten sich gleich auf die Suche. Erneut begegneten sie Pinocchio und sagten: „Kennst du die Spielzeuginsel?" „Nein", erwiderte Pinocchio. John schwärmte: „Aber das ist doch ein Kinderparadies! Dort kannst du den ganzen Tag spielen!" Pinocchio zögerte kurz. Dann stieg er in die Kutsche.

Als der Wagen endlich anhielt, wurde er auf ein Schiff verladen. Pinocchio hatte bereits einen Freund gefunden. Er hieß Willi und war ein richtiger kleiner Bösewicht. Er rauchte eine dicke Zigarre und bot auch anderen eine an. „Nein, danke!“, wehrte Pinocchio ab. Er zog Süßigkeiten vor, und davon gab es mehr als genug. Unterdessen rief der Kutscher seine Wachen und befahl die Kinder wegzuschaffen. „Diese Esel haben ihr Vergnügen gehabt!“, rief er. „Jetzt werden sie in meinen Salzminen die Karren ziehen!“

Augenblicklich verwandelten sich die Kinder in Esel. Auch Pinocchio bekam lange Ohren und einen Schwanz. Er rannte so schnell er konnte über den leeren Rummelplatz zum Meer und stürzte sich in die Fluten.

Pinocchio im Bauch des Wals

Weil Pinocchio aus Holz war, spülte ihn die Strömung auf einen einsamen Strand. Da fand er eine Flasche mit der Nachricht:

Mein lieber Pinocchio, ich wollte dich suchen.
Auf dem Meer hat mich der Wal verschlungen.
Leb' wohl, mein geliebter Sohn!   Gepetto

Pinocchio schluchzte: „Das ist ganz allein meine Schuld!" Er wollte Gepetto suchen. Bald tauchte der Wal wie ein riesiger Berg vor ihm auf. Pinocchio schwamm tapfer auf das Ungeheuer zu. Als der Wal seinen Rachen öffnete, schwamm Pinocchio hinein. Er wurde von einem Strudel durch den langen Schlund gerissen und landete genau neben Gepetto im Magen des Wals. „Papa!", rief Pinocchio, „Ich bin's!"

Gepetto sprang auf und schloss seinen Sohn glücklich in die Arme. Er bemerkte die Eselsohren und den Schwanz. „Wie das passiert ist, erkläre ich dir, wenn wir hier raus sind“, sagte Pinocchio. Aus den Überresten eines Bootes trugen sie Holz zusammen und machten ein Feuer. Der Rauch reizte den Wal und er musste husten. Eine Flutwelle erfasste die beiden und schleuderte sie ins Freie.

Pinocchio packte Gepetto und schwamm mit ihm zum rettenden Ufer. Erschöpft brach er am Strand zusammen. Gepetto trug Pinocchio nach Hause. Er legte ihn auf das Bett und weinte bitterlich. Da erschien die Fee zum letzten Mal. Sie berührte Pinocchio leicht mit ihrem Zauberstab und sprach: „Wach auf, Pinocchio! Da du gelernt hast, ehrlich und mutig zu sein, sollst du ein richtiger Junge werden!“ Und das Wunder geschah!

nach Carlo Collodi

1. Schreibe die Geschichte in dein Heft.
   Ersetze die Eisschollen durch die passenden Wörter.
   Die Silben im Schnee helfen dir dabei.

Waldi auf dem Eis

Timo und Anna  den Schnee.
Es soll ein  werden.

Timo will mitten auf das  .
Anna warnt Timo: „Nein, das Eis ist  .“

Er wirft den  weit fort.
Der Ast landet auf dem  .

Oh, wo ist Waldi?
Nur seine  schaut aus dem Wasser.

Timo weint laut: „Mein  Waldi!“
Anna wirft schnell den  .

Anna und Timo  Waldi.
Er  leise.

ten Ast mer se rol len mann Schal ret ar dünn Eis win See Schnee Na selt

2. Schreibe eine eigene Winter-Geschichte in dein Heft.

1. Schreibe die Geschichte in dein Heft.
Ergänze die passenden Wörter.
Jede Nuss steht für einen Buchstaben.
Die Silben im Schnee helfen dir dabei.

Memo

Die (1)●●●●●● sind abgefallen.

Im Winter ist es ●(2)●●.

Memo klettert vom ●●(3)● herab.

Es knackt Nüsse und ●●(4)●●.

Memo (5)●●●●●●● wieder hinauf.

Der ●● ●● ●(6) dauert noch lang.

Die ●● ●●● ●● ●(7)●●●● fallen auf die Erde.

Der ●●(8)● rüttelt an den Ästen.

Im ●(9)●● kann Memo weiterschlafen.

men ter Baum kalt ter cken Wind Blät
Schnee Nest tert Sa Win flo klet

2. Die Walnüsse ergeben das Lösungswort.
Schreibe den Satz in dein Heft.

Das Nest ist in der (1)(2)(3)(4)(5)(6)(7)(8)(9).

1. Finde die 10 Wörter, die im Suchsel versteckt sind.
Schreibe die Wörter in dein Heft.

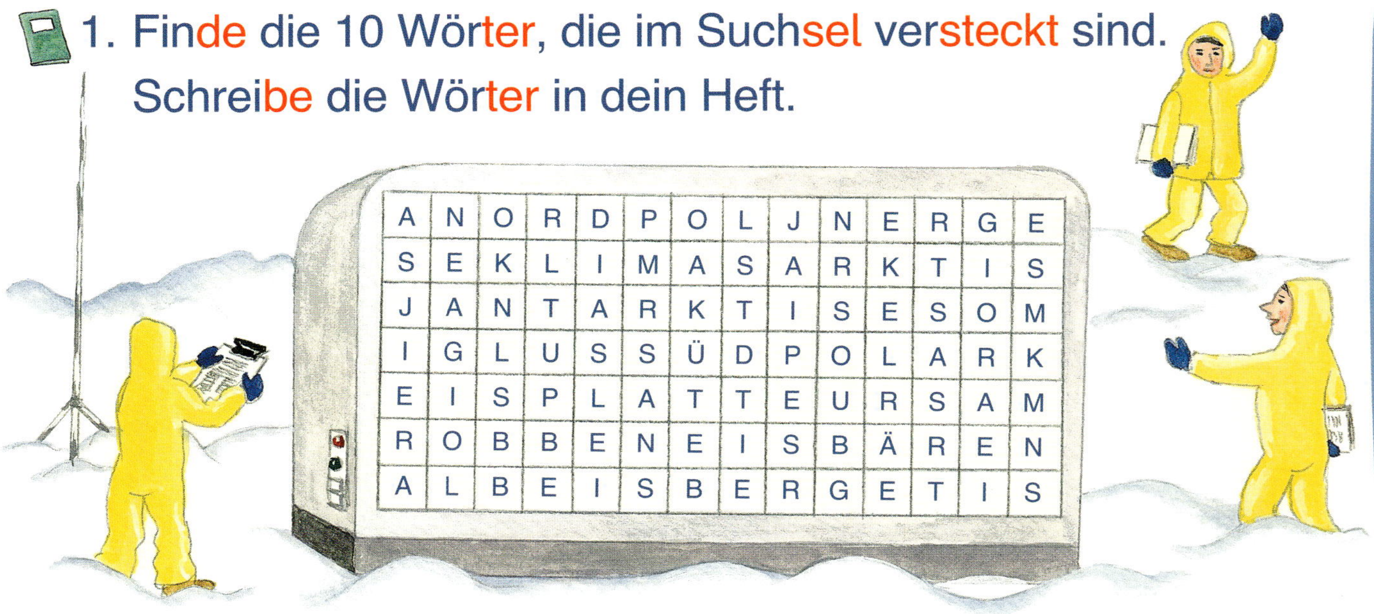

A	N	O	R	D	P	O	L	J	N	E	R	G	E
S	E	K	L	I	M	A	S	A	R	K	T	I	S
J	A	N	T	A	R	K	T	I	S	E	S	O	M
I	G	L	U	S	S	Ü	D	P	O	L	A	R	K
E	I	S	P	L	A	T	T	E	U	R	S	A	M
R	O	B	B	E	N	E	I	S	B	Ä	R	E	N
A	L	B	E	I	S	B	E	R	G	E	T	I	S

2. Schreibe den Text in dein Heft.
Ergänze die passenden Wörter aus Aufgabe 1.
Jeder Pinguin steht für einen Buchstaben.

In Kälte, Schnee und Eis

Unsere Erde hat einen N
und einen S.

In der A brüten Pinguine.

In der Antarktis erforschen Menschen das K.

Der Nordpol ist eine E und schwimmt
in der A.

In der Arktis leben E
und R.

Im Nordmeer schwimmen E.

Eskimos bauen I aus Schnee.

Eine unheimliche Nacht

1. Schreibe die Geschichte in dein Heft.
   Ersetze die Bilder durch die passenden Wörter.

Eine unheimliche Nacht

Britta und Achim wohnen in einem  .

Sina darf bei  übernachten.

Am Abend lesen die Mädchen eine  .

Achim ist allein in seinem  .

Da hat er eine Idee. Er wirft ein weißes  über sich.

Er will die  erschrecken.

Achim schleicht als  in das Zimmer.

 schreit laut: „Mama, Mama, komm!“

Achim stolpert und fällt auf den  .

 kommt herein und knipst das  an.

Da lachen die  über Achim im  .

2. Was erleben Sina, Britta und Achim noch im Forsthaus?
   Schreibe deine Geschichte in das Heft.

Das tapfere Schneiderlein

Beantworte die Fragen.
Lies die angegebene Stelle
und schreibe die Antwort in dein Heft.

1. Was stickt das Schneiderlein auf seinen Gürtel?
   (S. 14, Zeile 9)
2. Was packt er in seine Tasche?
   (S. 14, Zeile 14)
3. Der Riese presst Wasser aus einem Stein.
   Was macht das schlaue Schneiderlein?
   (S. 14, Zeile 22 – 23)
4. Der Riese wirft einen Stein weit fort.
   Was macht das schlaue Schneiderlein?
   (S. 15, Zeile 25 – 27)
5. Was will der böse Riese tun?
   (S. 15, Zeile 36 – 37)
6. Was verspricht der König dem mutigen Schneiderlein?
   (S. 16, Zeile 51 – 53)
7. Welche Aufgabe stellt der König zuerst?
   (S. 16, Zeile 54)
8. Was soll das Schneiderlein dann tun?
   (S. 17, Zeile 61 – 62)
9. Wie lautet die 3. Aufgabe?
   (S. 17, Zeile 70 – 71)

Der Hase und der Igel S. 18 – 19

1. So ist der Hase – so ist der Igel
   Schreibe die Adjektive (Wiewörter) in dein Heft.
   Hase: überheblich, …
   Igel: …

2. Hier ist etwas durcheinandergeraten.
   Schreibe die Sätze in der richtigen Reihenfolge in dein Heft.
   Die Bilder helfen dir dabei.

   Der Igel sagt zu seiner Frau: „Komm, wir laufen mit dem Hasen um die Wette.“

   Der Hase rennt hin und her, bis er tot umfällt.

   Immer wenn der Hase am Ende des Ackers ankommt, rufen Igelmann und Igelfrau: „Ich bin schon da.“

   An einem sonnigen Tag treffen sich Hase und Igel.

1. Finde die 7 Wörter, die im Suchsel versteckt sind.
Schreibe die Wörter in dein Heft.

S	C	H	I	R	K	A	N
H	I	B	A	L	U	O	K
U	B	A	G	I	R	A	W
A	K	E	L	A	J	P	O
A	B	Ü	F	F	E	L	L
T	E	W	Ö	L	F	E	G
I	N	O	M	O	G	L	I

2. Bilde mit den 7 Wörtern aus dem Suchsel Sätze.
Verwende dazu die passenden Stichwörter.
Schreibe die Sätze in dein Heft.

gestreiftes Fell — braunes Fell — große Hörner — im Rudel — nackt — langer schwarzer Schwanz — graues Fell

 Schreibe die Geschichte in dein Heft.
Ersetze die Bilder durch die passenden Wörter.

Peter und der Wolf

Peter lebt mit  am Waldrand.

Er geht auf die Wiese und lässt die  offen.

Er begrüßt seinen kleinen Freund, den  .

Die  watschelt zum Teich.

Sie streitet mit dem  .

Da kommt die  angeschlichen.

 ruft laut: „Gib acht!“

Der Großvater kommt aus dem  und warnt:

„Hüte dich vor dem  .“

Sie gehen zurück und schließen die  .

Da kommt der  aus dem Wald.

Er verschlingt die  .

Peter klettert auf den  und fängt den Wolf mit einer  .

Die  wollen den Wolf erschießen.

Peter sagt: „Wir bringen den Wolf in den  .“

Der Text zu den Bildern ist durcheinandergeraten.
Schreibe die Sätze richtig in dein Heft.

1. Hans sitzt	die Prinzessin.
2. Hans verlässt	zum Schloss des Königs.
3. Hans zeigt	8 Jahre hinter dem Ofen.
4. Hans reitet	dem König den richtigen Weg.
5. Hans schlüpft	auf dem Gockel die Eltern.
6. Hans heiratet	aus der Igelhaut.

Wir reimen mit Wilhelm Busch

1. Ergänze die passenden Wörter.
Jedes Bäumchen steht für einen Buchstaben.

Schreibe das Gedicht in dein Heft.

Schneider Böck

Nämlich vor des Meisters Hause
floss ein Wasser mit .
Übers Wasser führt ein
und darüber geht der .

Max und Moritz, gar nicht ,
sägen heimlich mit der –
ritzeratze! – voller
in die Brücke eine .

2. Reime selbst wie Wilhelm Busch.
Schreibe dein Gedicht in das Heft.

Der Zwerg erscheint dreimal!
Schreibe den Text zu Bild 2 und Bild 3 in dein Heft.
Ergänze den fehlenden Text wie bei Bild 1.
Auf den angegebenen Seiten kannst du den Text nachlesen.

Die Spitze des Bartes ist eingeklemmt.
Der Zwerg sagt:
Könnt ihr mir nicht helfen?
Die Mädchen schneiden das Ende des Bartes ab.
Der Zwerg sagt: Dumme Gänse, warum habt ihr meinen Bart abgeschnitten?

Der Fisch zieht den Zwerg beinahe ins Wasser.
Der Zwerg sagt: Dieser Fisch …
Die Mädchen schneiden …
Der Zwerg sagt: Ihr dummen Gänse!
Jetzt schneidet …
(S. 44, 45)

Der Adler hat …
Der Zwerg schreit jämmerlich.
Die Mädchen entreißen …
Der Zwerg sagt:
Ihr dummes Gesindel!
Meine Kleider …
(S. 46)

1. Lies die Sätze. Was ist richtig, was ist falsch?
Schreibe die entsprechenden Silben in dein Heft.

	richtig	falsch
Aladin wollte gerne Schneider werden.	A	UN
Der Onkel kam aus Mauretanien.	TER	LA
Aladin macht eine Reise nach Süden.	SIN	IR
Die Erde öffnete sich mit einem Donnerschlag.	DI	MAU
Aladin weinte fünf Tage lang.	RE	SCHEN
Die Mutter wollte die Lampe verkaufen.	PA	TA
Der Geist brachte köstliche Speisen.	LAST	REN

2. Wo findet Aladin die Wunderlampe?
Die richtigen Silben aus Aufgabe 1 ergeben die Antwort.
Schreibe den Lösungssatz in dein Heft:

Aladin findet die Lampe im …

1. Im folgenden Text sind alle Wörter großgeschrieben.
Finde alle Nomen (Namenwörter) und Verben (Tunwörter).
Schreibe sie richtig in dein Heft. Das hilft dir:

Vor Nomen kannst du „der, die oder das“ sagen,
z. B. der Sultan.
Vor Verben kannst du „wir“ sagen, z. B. wir wohnen.

DER SULTAN UND SEINE TOCHTER WOHNEN
IN EINEM PALAST. DIE DIENER TRAGEN
DIE PRINZESSIN DURCH DIE STADT.

ALADIN VERLIEBT SICH IN SULEIKA
UND WILL SIE HEIRATEN.

DIE MUTTER UND DIE DIENERINNEN GEHEN
IN DEN PALAST UND BEZAHLEN DEN BRAUTPREIS.

EINE WOCHE WIRD HOCHZEIT GEFEIERT.

2. Wie stellst du dir die Hochzeitsfeier vor?
Schreibe in dein Heft.

1. Der Zauberer verzaubert die Wörter.
   Tausche die Buchstaben und schreibe so in dein Heft:
   Reise – Riese

Reise	ei → ie 	Riese	
Lumpen	u → a	?	
List	i → a	?	
Ringer	R → F	?	
Gast	a → ei	?	
Zwerg	Z → B	?	
Hand	H → B	?	

2. Unterstreiche die Wörter in deinem Heft,
   die in der Geschichte auf Seite 54 und 55 vorkommen.

1. Finde die 7 Wörter, die im Suchsel versteckt sind.
Schreibe die Wörter in dein Heft.

H	O	L	Z	P	U	P	P	E	T	O	H
I	S	O	H	N	G	A	T	D	E	N	B
K	O	Z	A	U	B	E	R	S	T	A	B
O	P	I	N	O	C	C	H	I	O	T	E
P	A	K	S	O	C	F	E	E	C	H	I
M	A	R	I	O	N	E	T	T	E	L	A
U	D	A	J	U	N	G	E	Z	E	G	F

2. Schreibe den Text in dein Heft. Ersetze die Zauberstäbe durch die passenden Wörter aus Aufgabe 1.

Vor langer Zeit stellte ein Spielzeugmacher eine  her.

Er malte sie an und nannte sie .

Gleich begann der Meister mit der  zu spielen.

Dann ging er müde zu Bett und träumte von einem kleinen .

Auf einmal schwebte eine  in das Zimmer.

Sie berührte die Holzpuppe mit dem .

Da wurde Pinocchio ein lebendiger .

1. Hier ist etwas verrutscht.
Schreibe den Text richtig in dein Heft.

Pinocchiow ara ufde mWeg zurSch ule.
Unterweg strafe rdi eSchurke nJohn un dGideon.
Sie verk aufte nihn anS trombo li.
Amgl eiche nAben dhat te Pin occhios einener stenAu ftritt.
Die Zusch auerwa renbe geistert.
Nachde rVorstel lungsper rteStro mbol idenar menPi
nocchi oinei nenVo gelkä fig.

2. Was erlebt Pinocchio noch alles,
bis er wieder mit Gepetto zu Hause war?
Schreibe die Geschichte in dein Heft.

Lauttabelle mit Ankertieren

A a	Au au	Ä ä	B b	C c	ch
Affe	Auerhahn	Känguru	Bär	Chamäleon	Katze (fauchen)

D d	E e	Ei ei	Eu eu	F f	G g
Delfin	Elefant	Eichhörnchen	Eule	Fisch	Gans

H h	I i	J j	K k	L l	M m
Hase	Igel	Jaguar	Kakadu	Löwe	Maus

N n	ng	O o	Ö ö	P p	Pf pf
Nashorn	Schlange	Orang-Utan	Kröte	Papagei	Pfau

Qu qu	R r	S s	Sch sch	Sp sp	St st
Qualle	Reh	Seepferdchen	Schildkröte	Specht	Storch

T t	U u	Ü ü	V v	W w	X x
Tiger	Uhu	Kühe	Vogel	Wal	Boxer

Y y	Z z
Yak	Zebra

Noch mehr Lese-Futter mit dem Silbentrenner

Tiergeschichten mit Mia und Mio

Die Tiergeschichten mit Mia und Mio sind weiteres Lesematerial mit dem farbigen Silbentrenner. Die zehn Bände enthalten 38 abwechslungsreiche, lustige und spannende Geschichten, die umfangreich illustriert sind.

Der Schwierigkeitsgrad der Geschichten steigt in zwei Stufen an:

- Die Texte enthalten immer mehr unterschiedliche Buchstaben.
- Die Textmenge der Geschichten wird größer. Die Geschichten in Band 1 haben eine Länge von 4 Seiten. In Band 10 haben die Geschichten einen Umfang von 12 Seiten.

Bestell-Nr.

Band 1	1402-40	Band 6	1402-45
Band 2	1402-41	Band 7	1402-46
Band 3	1402-42	Band 8	1402-47
Band 4	1402-43	Band 9	1402-48
Band 5	1402-44	Band 10	1402-49

Weitere Informationen unter: www.mildenberger-verlag.de/tiergeschichten

Aktuelle Kinderliteratur – In Zusammenarbeit mit Ravensburger

In Zusammenarbeit mit dem Ravensburger Buchverlag wurden 10 Titel aus der erfolgreichen Leseraben-Serie mit dem farbigen Silbentrenner ausgestattet.

Damit wurden erstmals Lesebücher aus der aktuellen Kinderliteratur nach der Silbenmethode mit Silbentrenner® lesedidaktisch aufgearbeitet. Band 1 bis 5 zählen zur 1. Lesestufe und enthalten ein geringes Textangebot für Lese-Einsteiger. In Band 6 bis 10 sind die Texte umfangreicher und sind deshalb in der 2. Lesestufe für fortgeschrittene Leser.

Bestell-Nr.

Lesestufe 1		Lesestufe 2	
Band 1	1403-40	Band 6	1403-43
Band 2	1403-41	Band 7	1403-44
Band 3	1403-42	Band 8	1403-45
Band 4	1403-46	Band 9	1403-47
Band 5	1403-48	Band 10	1403-49

Weitere Informationen unter: www.mildenberger-verlag.de/leserabe

ABC der Tiere 1 – Ein integrierter Lese- und Schreiblehrgang

Materialien für Schülerinnen und Schüler · Leselehrgang

Lesen in Silben (Silbenfibel®), Leselehrgang, Druckschrift, 96 S., vierf., FeEbd	1403-90
Arbeitsheft Teil A und B, je 80 S., vierf., Gh, inkl. Beilage „Mini-Silbenschieber“, Beilage „Silbenschieber/Wortautomat“ und CD-ROM Hexe Trixi Basic 1	1403-91
Lesezirkus, Lesematerial mit Textverständnisfragen, Druckschrift, 80 S., vierf., FeEbd, inkl. Lauttabelle	1403-92
Silbenkärtchen, Leseteppiche, Domino, 16 Bogen, teilw. mehrf., kt	1402-93
CD-ROM zu Lesen in Silben, Einzellizenz, CD-ROM, DVD-Box, Booklet 8 S.	1402-94
CD-ROM zu Lesen in Silben, Schullizenz, CD-ROM, DVD-Box, Booklet 8 S.	1402-97
CD-ROM zu Lesen in Silben, Netzwerklizenz, CD-ROM, DVD-Box, Booklet 8 S.1	1402-98
Arbeitsheft „Spontane Schreibung der Doppelkonsonanten“, 24 S., mehrf., Gh	1402-95
Schreibheftchen: Mein Tierbüchlein, 16 S., mehrf., DIN A5, Gh	1402-96
Klatsch die Silbe!, Einzelset, 1 Spielplan, 2 Setzer, 1 Würfel, 24 Silbentaler, 36 Spielkarten	1402-89
Klatsch die Silbe!, Spiel zum Einüben des Silbenklatschens, **10er-Set**	1402-99
„ABC der Tiere“-Buchstütze, 25 x 30,5 cm, vierf., **10er-Set**	8500-30

Materialien für Schülerinnen und Schüler · Schreiblehrgang

Schreiblehrgang Teil A und B, Druckschrift, je 60 S., vierf., Gh, inkl. Beilage „Lauttabelle“	1403-81
Schreiblehrgang, LA, 60 S., vierf., inkl. Sammelmappe und Anlautscheibe, gl	1402-82
Schreiblehrgang, VA, 60 S., vierf., inkl. Sammelmappe und Anlautscheibe, gl	1402-83
Schreiblehrgang, SAS, 60 S., vierf., inkl. Sammelmappe und Anlautscheibe, gl	1402-84
Silbenstifte, zweifarbig, ⌀ Mine 6,25 mm (entspricht Lyra Super Ferby Duo), VPE 12 Stifte	1402-66

Materialien für Lehrerinnen und Lehrer

Handbuch Teil A, methodisch-didaktische Kommentare, Kopiervorlagen, Ringb.	1403-70
Handbuch Teil B, 197 Kopiervorlagen, Lateinische Ausgangsschrift (LA)	1402-71
Handbuch Teil B, 197 Kopiervorlagen, Vereinfachte Ausgangsschrift (VA)	1402-72
Handbuch Teil B, 197 Kopiervorlagen, Schulausgangsschrift (SAS)	1402-73
47 Folien zu den Arbeitsheften (1403-91), Ringb.	1403-75
Arbeitsblätter zum Lesezirkus (1403-92 und 1402-92), Kopiervorlagen, Gh	1403-74
Silbenschieber zur Demonstration, Groß- und Kleinbuchstaben, aus Holz	1402-74
38 Ankerbilder der Buchstaben, DIN A4, kt, Druckschrift, LA / VA / SAS zum Aufkleben	1402-75
12 Ergänzungskarten zur Erstausgabe der Ankerbilder, DIN A4, Druckschrift, LA / VA / SAS zum Aufkleben	1402-751
20 Folien für die spontane Schreibung der Doppelkonsonanten, Ringb.	1402-76
Arbeitsblätter zur Differenzierung, 197 Kopiervorlagen, 204 S., Druckschrift, Ringb.	1402-77
Fit für den Schulbeginn, Übungsmaterial inkl. Schuleingangstest, 48 S., 34 KVs	1402-78
Musik-CD, 24 Lieder, 6 Sequenzen mit Kontrastpaaren, gesungen und als Play-back	1402-80
Poster zu den Ankertieren, DIN A0, gefaltet auf DIN A4	1402-69
Silben-Generator, Einzellizenz, Texte mit Silbentrenner selbst erstellen, CD-ROM, DVD-Box, Booklet 16 S.	1403-79
Silben-Generator, Schullizenz, Texte mit Silbentrenner selbst erstellen, CD-ROM, DVD-Box, Booklet 16 S.	1403-78

Bestell-Nr. 1403-92
ISBN 978-3-619-14392-4

Auflage 4 3 2 1
Jahr 2013 2012 2011 2010

www.mildenberger-verlag.de
E-Mail: info@mildenberger-verlag.de

Illustrationen: Ingrid Hecht, 30163 Hannover

Druck: B&K Offsetdruck, 77833 Ottersweier

Gedruckt auf umweltfreundlichen Papieren.

Bezugsmöglichkeiten
Alle Titel des Mildenberger Verlags erhalten Sie unter: www.mildenberger-verlag.de oder im Buchhandel. Jede Buchhandlung kann alle Titel direkt über den Mildenberger Verlag beziehen.
Ausnahmen kann es bei Titeln mit Lösungen geben: Hinweise hierzu finden Sie in unserem aktuellen Gesamtprogramm.

www.ABC-der-Tiere.de